# DISCOURS

PRONONCÉ PAR

# M. BUFFET

———

*Extrait du procès-verbal des séances des* 26 juin 1852
*et* 28 *mars* 1862.

« L'autorisation accordée à un orateur de faire im-
« primer à ses frais le discours qu'il a prononcé n'im-
« plique pas, de la part du Corps législatif, l'approba-
« tion du discours dont l'impression a été autorisée. »

EXTRAIT DU MONITEUR UNIVERSEL
du 6 juillet 1867.

5788

# DISCOURS

PRONONCÉ PAR

# M. BUFFET

DANS

## LA SÉANCE DU CORPS LÉGISLATIF

du 5 juillet 1867

## PARIS

TYPOGRAPHIE E. PANCKOUCKE ET Cie

13, QUAI VOLTAIRE 13

—

1867

EXTRAIT DU MONITEUR UNIVERSEL

du 6 juillet 1867

# DISCOURS

PRONONCÉ PAR

# M. BUFFET

DANS

## LA SÉANCE DU CORPS LÉGISLATIF

du 5 juillet 1867

---

### MESSIEURS,

Je n'ai que de très-courtes observations à
présenter à la Chambre, et je demande à les
faire de ma place. (Parlez!)

Je n'ai pas le dessein d'intervenir dans le
débat qui s'est engagé hier et aujourd'hui sur
le chiffre de la plus-value qu'on peut espérer
en 1867 sur les impôts indirects. Je ne veux pas
intervenir dans ce débat, parce qu'il me pa-

raît épuisé, bien que la conclusion qu'on doit
en tirer ne soit peut-être pas encore bien évi-
dente pour tout le monde ni pour moi-même.
Je n'y interviendrai pas pour cet autre motif
que les calculs auxquels on s'est livré ont
pour but de justifier ou de contester, par des
considérations et par des faits particuliers à
l'exercice 1867, l'application à cet exercice
d'une règle que, pour ma part, je repousse
d'une manière absolue, dont je n'admets l'application à aucun exercice.

L'art. 3 de la loi de finances que vous dis-
cutez en ce moment vous propose, on vous l'a
répété bien des fois déjà, d'ajouter aux recettes prévues par le budget primitif une recette supplémentaire de 94 millions.

Comment obtient-on cette recette supplémentaire, au moins pour la plus grande par-
tie, car mes observations ne porteront que
sur les 85 millions qu'on attend de la plus-
value des contributions indirectes ?

On l'obtient par un procédé extrêmement simple, qui n'exige nullement, pour
être appliqué, cette étude attentive, cette in-
vestigation minutieuse des faits que mon honorable ami M. de Lavenay présentait hier
comme la condition nécessaire de la prépara-
tion du budget rectificatif. Ce procédé extrê-

mement simple consiste à doubler dans les budgets rectificatifs l'accroissement obtenu sur les contributions indirectes dans le dernier exercice connu.

Eh bien ! messieurs, j'affirme que si ce procédé est simple, il est extrêmement dangereux, il est souverainement imprudent, et j'ai la conviction profonde que s'il n'est pas abandonné, il fera des déficits, ou, si vous voulez une expression plus adoucie, des découverts...

**M. Belmontet.** C'est la même chose.

**M. Buffet...** je ne dirai pas l'état permanent, mais l'état habituel, le mal chronique, constitutionnel de nos budgets.

**M. Garnier-Pagès.** Très-bien !

**M. Buffet.** J'affirme que vous n'obtiendrez, tant que vous persévérerez dans cette manière d'établir les budgets, qu'un équilibre accidentel, instable, équilibre réalisé un instant et dérangé presque aussitôt ; vous aurez inévitablement une série presque continue de découverts, venant s'ajouter à la dette flottante, rendant nécessaires, au bout d'un certain nombre d'années, des consolidations successives. qui accroîtront de plus en plus la dette publique, et que vous reculerez ainsi, dans une perspective, dans un avenir à peu près indéfini, le moment où vous pourrez faire des réductions de taxes vraiment opportunes, et opérer un amortissement réel, effectif de la dette publique, c'est-à-dire un amortissement qui diminue une dette ancienne sans constituer, en même temps, une dette nouvelle égale et quelquefois supérieure à la première. (Très-bien! très-bien! sur divers bancs.)

Eh bien, à ce système, à ce procédé que je combats, que je repousse d'une manière absolue, j'en oppose un autre, dont assurément je ne suis pas l'inventeur. Si j'avais fait, en pareille matière, une découverte, elle m'inspirerait à moi-même, et elle devrait, à plus forte raison, inspirer à la Chambre une légitime défiance. Mais le procédé que je propose, sans l'avoir inventé, et auquel je puis donner pour patrons toutes les autorités financières, consiste à appliquer à la confection du budget rectificatif les mêmes règles qu'à la confection du budget primitif. (Très-bien!)

Je ne prétends pas, remarquez-le bien, que l'on doive faire figurer dans les évaluations du budget rectificatif les mêmes chiffres que dans le budget primitif; mais je dis que les évaluations de l'un et de l'autre budget doivent être soumises aux mêmes règles. Or, messieurs, quelles sont ces règles pour le budget primitif? Ici je suis obligé, bien à regret, pour la clarté de mon raisonnement, de répéter des choses qui vous ont été déjà parfaitement dites.

Quelle est la règle d'après laquelle vous établissez les évaluations de recettes du budget primitif? Vous prenez pour base le dernier exercice dont les résultats soient connus, et vous portez en prévision, dans le budget que vous préparez, non pas un chiffre arbitraire de recettes espérées, conjecturales, mais le chiffre des recettes réalisées dans le dernier exercice.

Ainsi, quand en 1866 vous avez voté le budget de 1867, vous avez porté en recette les recettes réalisées en 1865.

Maintenant, le chiffre posé en vertu de cette règle, le chiffre des revenus réalisés dans l'exercice précédent comporte, je le reconnais, en plus ou en moins, certaines modifications parfaitement légitimes. Mais quelles sont ces modifications légitimes? Ce sont celles que motivent non pas des conjectures, mais des faits positifs. Ainsi, quand vous supprimez un impôt ancien ou que vous établissez un impôt nouveau, il est clair que vous devez tenir compte en plus ou en moins du produit de l'impôt que vous supprimez ou du produit que vous pouvez raisonnablement attendre de l'im-

pôt nouveau, Voilà comment vous établissez
le budget primitif.

Quand vous arrivez au budget rectificatif,
devez-vous procéder autrement?

Mon honorable ami M. de Lavenay disait
hier, si j'ai bien saisi sa pensée, qu'il expri-
mait d'ailleurs avec la plus remarquable luci-
dité, que le budget primitif s'établissait d'a-
près certaines règles un peu conventionnelles,
un peu mécaniques, mais que quand on arri-
vait au budget rectificatif, on devait se pla-
cer sérieusement en présence de faits qu'il était
alors plus facile de connaître, et qu'une appréciation sérieuse et approfondie de la réalité
devait remplacer les évaluations basées sur
des règles purement conventionnelles.

J'en demande pardon à l'honorable président
de la section des finances au conseil d'Etat; mais,
quand on applique au budget rectificatif le
procédé d'évaluation qu'il soutient et que je
repousse, on ne se met pas plus en présence
des faits que lorsqu'on détermine les évaluations du budget primitif conformément à la
règle dont je réclame avec énergie l'a-
doption pour tous les budgets. Au lieu d'a-
jouter seulement aux évaluations premières
l'accroissement de recettes du dernier exercice,
vous doublez cet accroissement. Voilà toute la

différence. Votre procédé n'est pas moins
mécanique et il est extrêmement dangereux.
Pour moi, je vous demande de procéder pour
le budget rectificatif exactement de la même
manière que pour le budget primitif. Quand
vous avez fait le budget primitif, vous avez
pris pour base les recettes de 1865, parce que
c'était le dernier exercice connu. Aujourd'hui,
au moment où vous rectifiez en cours d'exercice le budget de 1867, voté l'année dernière,
vous connaissez les résultats de l'exercice 1866,
et dès lors vous avez parfaitement le droit de
substituer les recettes de 1866 à celles de 1865 ;
vous obtenez ainsi dans votre budget rectificatif
un accroissement de recettes de 40 et quelques
millions, accroissement que je considère comme parfaitement légitime et régulier. Sans
doute il est possible que vous ayez des mécomptes, sans doute il n'est pas absolument
démontré que vous aurez en 1867 des recettes égales à celles de 1866 ; mais, quand vous
ne supposez aucun accroissement, quand
vous vous bornez à porter, en prévision de
recettes, — car un budget ne peut se compo-
ser que de prévisions, — le chiffre des recettes
réalisées dans la dernière année, vous avez
fait tout ce que la prudence exige, et, s'il y a
des mécomptes, en bonne justice, ils ne vous

sont pas imputables ; ils peuvent être considérés comme le résultat d'une sorte de force ma·jeure dont vous n'êtes plus responsables.

Mais, si j'admets cette règle sage et qui n'est pas, remarquez-le bien, très-rigoureuse, car il n'est pas aussi certain ni même aussi probable que vous aurez en 1867 les recettes de 1866, qu'il était probable et à peu près cer·tain que vous obtiendriez au moins celles de 1865, déjà plus éloignées, si j'admets, quand vous aurez suivi cette règle, qu'aucun repro·che d'imprudence ne pourra vous être adressé, je n'en dirais pas autant quand, non contents de porter dans le budget rectificatif les accrois·sements obtenus l'année précédente, vous dou·blez ces accroissements ?

En admettant, comme on a cherché à le dé·montrer, que l'espérance de ce doublement se réalise en 1867, comme elle s'est réalisée souvent dans les années antérieures, vous aurez, en procédant comme vous le faites, escompté cette espérance, et il ne vous restera plus rien pour faire face à des éventualités au moins aussi probables, aux éventualités de dépenses imprévues. (Très-bien ! Très-bien !) Et j'ai bien le droit de dire : il ne vous res·tera plus rien ; car, après avoir escompté pour les dépenses prévues vos espérances d'ac-

croissement de recettes, vous escomptez encore les annulations de crédits, non pas même
ces annulations de crédits dont une étude attentive des faits ferait reconnaître l'opportunité,
mais les annulations éventuelles. Oh ! si vous
me disiez : Il y a telle dépense que nous
avions votée l'année dernière, mais qui, nous le
savons aujourd'hui, ne doit pas se faire, je ne
contesterais pas cette annulation, et je ne vous
reprocherais pas d'en tenir compte dans le tra-
vail de rectification du budget ; ce que je con-
teste, c'est le parti que vous tirez, à l'avance,
des annulations éventuelles. Je soutiens que
les présomptions d'annulations de crédits, les
espérances d'accroissements de recettes doivent
être réservées pour faire face aux dépenses
imprévues.

Je ne saurais trop insister sur ce point ca-
pital : si vous ne réservez rien pour l'imprévu, et, dans le système que vous suivez, vous ne réservez rien, absolument rien,
toutes les fois que cet imprévu se présentera,
et vous m'accorderez bien qu'il se présentera
souvent, mais disons seulement, si vous le
voulez, qu'il se présentera quelquefois, toutes
les fois, dis-je, qu'il y aura mécompte sur la
recette ou mécompte sur la dépense, toutes les
fois que vous serez surpris par des événements

qu'aucune prudence humaine ne peut signaler à l'avance ni conjurer, qu'arrivera-t-il? Vous aurez un découvert, vous aurez un budget qui laissera nécessairement une charge nouvelle à la dette flottante et, un peu plus tard, à la dette consolidée, et si vous persistez toujours dans ce même système, je dis, — je ne sais si je parviens à mettre dans mes paroles la clarté qui est dans ma pensée; mais, si je parvenais à rendre ma pensée aussi lucide qu'elle m'apparaît, je suis certain que ma conviction passerait dans l'esprit de ceux qui me font l'honneur de m'écouter; — je dis que si vous persistez dans ce système, il aura pour conséquence fatale, inévitable, en dépit de toutes les bonnes intentions, d'amener un déficit fréquent, habituel, un déficit passant par la dette flottante pour venir presque périodiquement grossir la dette consolidée. C'est par conséquent l'ajournement indéfini de cette situation financière, toujours poursuivie, toujours désirée, bien souvent promise, mais jamais sérieusement atteinte : l'équilibre normal et permanent de nos budgets.

Messieurs, j'ai l'intime conviction qu'à cette situation si désirable vous n'arriverez qu'en appliquant aux évaluations de recettes du budget rectifié les sages et prudentes rè-

gles que tout le monde admet, quand il s'agit
du budget primitif. (Approbation sur plusieurs bancs.)

Hier, après avoir demandé inopinément
la parole au moment où l'honorable M. de
Lavenay développait la thèse que je combats en ce moment, j'indiquais ma pensée
à un de mes collègues qui m'a fait une objection, et comme cette objection pourrait se
reproduire ici, je vous demande la permis-
sion de la préciser et d'y répondre.

On m'a dit: Vos principes sont sans doute,
en thèse générale, incontestables; mais comment les appliqueriez-vous au budget de 1867,
et quelle serait la conséquence de cette application, si elle était admise par la Chambre?
Que ferait-on? On retrancherait 43 millions
de recettes. Mais pourrait-on retrancher aussi
43 millions du budget des dépenses pour l'é-
quilibrer au moins dans son état actuel et en
laissant de côté les 158 millions qui vont for-
mer cette année un budget nouveau, à ajouter à
tous les autres, un budget exceptionnel, comme
l'a très-justement appelé hier M. de Saint-
Paul. Et, pour le dire en passant, ces 158 millions ne devraient pas figurer à part dans un
budget spécial; la commission aurait dû les
faire rentrer dans le budget rectificatif et les

y porter au budget extraordinaire, mais je n'insiste pas en ce moment sur ce point qui m'éloignerait de l'ordre d'idées que je suis. Je laisse de côté ces 158 millions, et je réponds à la question qui m'était faite : Pourrez-vous supprimer 43 millions de dépenses ?

Ma réponse à cette objection sera fort simple. Nous n'examinons pas en ce moment les dépenses, mais je me place dans l'une ou l'autre de ces hypothèses : ou l'on peut retrancher 43 millions de dépenses ou on ne le peut pas. — Si on le peut, on doit le faire ; — si on ne le peut pas, alors, je le recomnais, dans le système que je propose, le budget rectificatif sera voté avec un déficit de 43 millions. Eh bien, je le dis nettement, je préférerais beaucoup qu'il en fût ainsi; car quel inconvénient pratique y aurait-il à cela? Quand vous aurez voté ce budget en déficit, il arrivera nécessairement l'une de ces deux choses : ou vos espérances de 43 millions, dont je vous demande de ne pas faire des prévisions de recettes, ne se réaliseront pas, et alors, dans votre système comme dans le mien, vous aurez, en fin de compte, un découvert de 43 millions ; — ou bien les 43 millions espérés seront réellement perçus, et ils combleront le déficit prévu.

Il n'y aurait donc aucun inconvénient pra-

tique à voter, par suite de l'admission d'une
règle salutaire, le budget rectificatif de cette
année avec ce déficit réel ou apparent de 43
millions ; non-seulement il n'y aurait aucun
inconvénient, mais j'affirme qu'il y aurait
un grand avantage pratique, et cet avantage,
messieurs, est celui-ci :

Un budget voté en déficit est une chose
ànormale, une chose déplorable, compromet-
tante, et vous pouvez compter qu'on ne vou-
dra pas présenter plusieurs budgets dans de telles
conditions. Aussi, dès que vous aurez ferme-
ment établi la règle, si salutaire ou mieux
si nécessaire, que je réclame, tenez pour certain que l'on s'arrangera pour que l'effet de cette
règle ne soit pas de faire présenter au Corps législatif des budgets en déficit ; et pour qu'il n'en
soit pas ainsi, on exercera sur soi-même une
pression très-énergique, et on fera rentrer à
tout prix les dépenses futures dans les limites
que vous aurez déterminées.

Et ainsi, après avoir voté sans aucun inconvénient, si cela est nécessaire, le budget actuel en déficit, vous aurez prévenu, par cette
sage mesure, le déficit des budgets futurs.

Je raisonne, en admettant ce déficit, dans
l'hypothèse où le retranchement d'une dépense
de 43 millions serait impossible ; mais, si on

m'affirme qu'en effet ce retranchement est impossible, je tire de cette impossibilité une autre et très-sérieuse conséquence.

Dans les discussions qui se sont engagées cette année et les années précédentes, au sein du Corps législatif, sur la situation financière, aux honorables membres qui s'effrayaient de cette situation et qui, pour justifier leurs appréhensions, déroulaient cette longue série de budgets se soldant par des découverts, on répondait en les accusant de pessimisme, et en attirant l'attention de la Chambre sur une autre face de cette situation. On disait : Il est possible que souvent, trop souvent, nous le regrettons comme vous, l'ensemble de l'exercice financier présente un découvert ; mais tenez compte de l'amélioration que nous avons obtenue, examinez le budget ordinaire, et veuillez considérer que les recettes permanentes qui l'alimentent, présentent chaque année un excédant toujours plus fort sur les dépenses, excédant qui forme aujourd'hui la dotation solide, assurée du budget extraordinaire. N'est-ce pas là une situation magnifique ?

On ajoutait, et l'honorable M. de Lavenay reproduisait hier encore cette assertion : les budgets extraordinaires ne peuvent jamais compromettre une situation financière.

Et pourquoi, messieurs, les budgets extraordinaires ne pourraient-ils jamais compromettre une situation financière ? Est-ce parce
qu'ils ne comprendraient que des dépenses purement facultatives, des dépenses qu'on peut
toujours, avec une entière liberté, ajourner ou
restreindre?

Mais si, après m'avoir ainsi rassuré, vous me
dites, quand je demande sur ce même budget
extraordinaire un retranchement nécessaire
à son équilibre vrai, si vous me dites que ce
retranchement est impossible et que je dois
en convenir moi-même, je suis bien autorisé à
vous répondre qu'alors votre distinction entre
le budget des dépenses obligatoires et le budget
des dépenses facultatives est une pure fiction,
et que les dépenses rangées dans la seconde
catégorie sont à peu près aussi obligatoires
que les autres. Je ne comprends plus alors quel
grand intérêt peut offrir, au point de vue de
l'appréciation de notre situation financière,
votre distinction du budget ordinaire et du
budget extraordinaire (Très-bien ! sur plusieurs bancs) ; je ne lui reconnais, pour ma
part, à ce point de vue, presque aucune
espèce d'intérêt. Ce qui me touche, je vous
l'avoue, quand je veux me rendre compte
de notre situation, c'est le résultat final,

le résultat d'ensemble de chaque exercice.

Eh bien, je soutiens que, dans le système que vous suivez, ce résultat final, par la force même des choses, sera souvent, très-souvent un découvert, et qu'au contraire, en réservant quelque chose pour l'imprévu, et je suis très-loin de lui faire une trop large part, vous éviterez cet immense inconvénient.

Comment, messieurs, pouvez-vous faire une réserve pour l'imprévu? Le pouvez-vous en inscrivant dans le budget des recettes très-supérieures aux dépenses que vous prévoyez et en laissant ainsi entre les dépenses et les recettes une marge plus ou moins étendue. Non, vous ne le pouvez pas. Toutes les fois que vous voudrez procéder ainsi, vous vous exposerez à une inévitable déception; votre marge sera envahie. Tous les intérêts, tous les besoins légitimes mais impatients, se presseront contre la limite que vous aurez posée, et vous ne pourrez la défendre.

Vous n'avez qu'une seule manière de vous ménager des réserves pour l'imprévu et d'éviter ainsi les découverts; cette unique manière est celle que j'ai eu l'honneur de vous indiquer. Elle consiste à évaluer vos recettes d'une façon rigoureuse, à ne pas escompter à l'avance les espérances d'accroissement que

vous pouvez concevoir, et surtout à ne pas
escompter vos annulations de crédits. (Assen-
timent sur plusieurs bancs.)

Si vous procédez ainsi, j'ai la conviction que
vous arriverez presque immédiatement à cette
situation bien enviable de l'Angleterre, où,
depuis 1846, si je ne me trompe, tous les budgets ont été en équilibre, et où le chancelier
de l'Echiquier, exposant chaque année, au par-
lement, le résultat de l'exercice, n'a que ce
seul mécompte à avouer : qu'il a reçu plus
d'argent qu'il n'espérait, et qu'il a moins dé-
pensé qu'on n'avait prévu.

Nous pouvons arriver au même résultat ;
assurément, messieurs, nous le désirons tous.
Je suis persuadé, ce n'est pas ici une forme
oratoire, je suis persuadé que c'est là le désir
très-vif du Gouvernement ; je suis non moins
persuadé que c'est le désir très-vif de la
Chambre. (Oui ! oui !) Oui, nous désirons
tous l'équilibre ; mais, entre désirer une chose
et la vouloir, il y a loin. Vouloir une chose,
c'est vouloir les moyens légitimes de l'obtenir,
c'est les vouloir avec énergie.

L'honorable M. de Lavenay vous disait
hier que sans doute le point de vue financier
était un point de vue important, mais qu'il
ne devait pas être exclusif. Pour moi, j'ai la

conviction que non-seulement en ce qui con-
cerne les intérêts matériels, mais encore en
ce qui touche à la politique intérieure et ex-
térieure du pays, le point de vue financier est
à certains égards un point de vue supérieur.
Je suis convaincu que l'équilibre stable des
budgets est la condition de la bonne politique ;
la bonne politique contribue sans doute à établir cette situation, mais par contre cette situation inspire la bonne politique.

Remarquez bien, messieurs, que pour at-
teindre les résultats si importants que j'in-
dique, pour suivre le système que je recom-
mande, je n'impose à certains intérêts légitimes
qu'une attente d'une année ; car si au bout d'une
année, vos espérances se sont réalisées, vous êtes
en face d'un surplus de recettes parfaitement
acquis, et vous pouvez alors, avec une parfaite
tranquillité d'esprit, vous demander quel est
le meilleur usage que vous puissiez en faire.

En imposant cette très-courte attente, ce lé-
ger désagrément à des intérêts d'ailleurs légitimes, qui réclament satisfaction, vous as-
surez, permettez-moi de le dire, au Gouvernement impérial la popularité la plus solide,
la popularité du meilleur aloi.

Si vous mettiez ce Gouvernement qui a fait,
— personne ne le reconnaît plus sincèrement

que moi, — qui a fait de grandes choses, qui
a donné une vive et féconde impulsion aux
travaux publics, à l'industrie, si vous mettiez ce Gouvernement à même de dire bientôt
à la France : « L'équilibre qu'on vous a
si longtemps fait espérer et qui était toujours
dérangé au moment où vous le croyiez établi,
cet équilibre est maintenant un fait permanent, et, grâce à la progression des recettes,
nous allons entrer enfin dans la période de
dégrèvements des taxes et de l'amortissement
vrai de la dette publique, » vous auriez procuré
au Gouvernement impérial la plus solide popularité, et vous auriez ôté à ses adversaires
leur arme la plus dangereuse.

Et j'ajoute que, si vous considérez non plus
seulement le dedans, mais le dehors, vous
reconnaîtrez que le bon état de nos finances est une des conditions les plus indis-
pensables de notre influence. On a dit, et
je n'entends pas contester cette parole sortie
d'une bouche auguste, que l'influence d'une
nation se mesure à sa puissance militaire.
Je l'admets jusqu'à un certain point; mais je
me permets d'ajouter que la puissance militaire d'une nation ne consiste pas exclusive-
ment dans le nombre ni même dans la valeur
de ses soldats, elle consiste aussi dans les res-

sources financières qui permettent à cette nation de soutenir ses armées en les approvi-
sionnant largement de tout ce qui leur est
nécessaire. (Très-bien, très-bien !)

Je suis convaincu que les puissances étran-
gères, qui étudient avec un soin jaloux l'état
de nos affaires, seraient plus vivement impres-
sionnées par le fait bien constaté d'une situation financière excellente et parfaitement dé-
gagée, que par l'inscription au frontispice d'une
loi d'un chiffre formidable de soldats. (Vives
marques d'approbation sur divers bancs.)

Paris. — Typographie L. Panckoucke et Cᵉ, quai Voltaire, 13.

www.ingramcontent.com/pod-product-compliance
Lightning Source LLC
Chambersburg PA
CBHW072024290326
41934CB00011BA/2822